9分で！くずれない！セットアレンジ

Set Arrange Style Book

スタイルブック

はじめに

女の子をとびきり可愛くできる素敵な魔法、“セットアレンジ※”の世界へようこそ。

このスタイルブックに収録されている48スタイルは、パーティや結婚式などのお呼ばれシーンや、デートや食事会などのお出かけシーンなど、幅広いシチュエーションを網羅。髪の長さも、ロングからミディアム、ショートと、さまざまなレングスに対応しています。ワンランク上のプロ技により、全スタイルとも短い施術時間で済み、くずれにくいのも嬉しいポイント。洋服やアクセサリーと同じく、ヘアもおしゃれに装えば、新しい自分に出会えるかも。

「セットアレンジ」とは？

本書では、セットアレンジ＝「きちんと上がったアップスタイルからハーフアップ、カジュアルなアレンジスタイルなども含む総称」として使用しています。

Contents

4 セットアレンジ ベストセレクション

10 お呼ばれセットアレンジ集

12 フォーマルシーン編

24 カジュアルシーン編

34 和装編

39 お出かけセットアレンジ集

49 短い髪のセットアレンジ

62 髪飾りカタログ

64 マルチアングルで見る セットアレンジヘアカタログ

72 協力各社リスト・奥付

お出かけヘアを、もっとおしゃれに
お呼ばれの装いが、グッと華やかに

セットアレンジ ベストセレクション

“可愛くなりたい”女の子の願いを、簡単に叶えるとっておきの魔法「セットアレンジ」。まずは、美しく変身した6名の女性にフォーカスし、シチュエーションに合わせたヘアのコーディネイトポイントをご紹介します。

Style 1 結婚式ゲスト

お呼ばれシーンの中でも、機会が多い結婚式ゲスト。主役を引き立てつつ、華やかな装いでお祝いの気持ちを伝えたいもの。ヘアは低い位置にカールを散らしたサイドアップで、さりげなく華のあるスタイルに。

Style 2

二次会

挙式・披露宴に比べ、二次会はややカジュアルなシーンではあるものの、装いは華やかに決めたいところ。編み込みでアクセントをきかせたハーフアップに、内巻きのカールを施して清楚なお嬢さま風に。

Style 3

同窓会

学生時代をともに過ごした仲間たちとの久々の再会――ワクワク、ドキドキするシチュエーションの同窓会には、洋服もヘアもおしゃれして参加しよう。短めの髪もラフに編み込めば、おしゃれな装いにランクアップ。

Style 4

謝恩会

学生生活を締めくくる謝恩会では、ヘアスタイルにもドレスにもこだわってイベントを盛り上げよう。くるくるのカールが華やかなアレンジは、鮮やかなブルーのワンピースとも相性抜群。

Style 5

ランチ会

気の合う友人たちとの楽しい集まり、ランチ会。とっておきのお店での美味しい食事の場には、ふだんと少し違うヘアをコーディネイト。顔まわりのおくれ毛と内巻きのカールが可愛いハーフアップでテンションを上げて。

Style 6

ニューイヤーパーティ

新たな一年の始まりを祝うニューイヤーパーティには、色鮮やかなきもの姿がぴったり。和装ヘアにマストなトップのふんわり感をキープしつつ、サイド～バックに細かいカールをあしらってキュートなイメージに。

華やかさと気品あふれる

お呼ばれ
セットアレンジ集

●フォーマルシーン編●

●カジュアルシーン編●

●和装編●

パーティや結婚式など、お呼ばれの場におすすめのヘアスタイルを、フォーマルシーン、カジュアルシーン、和装と、3つのカテゴリー別にご紹介。華やかな場を盛り上げる、おしゃれなヘアのバリエーションからお気に入りを探してみて。

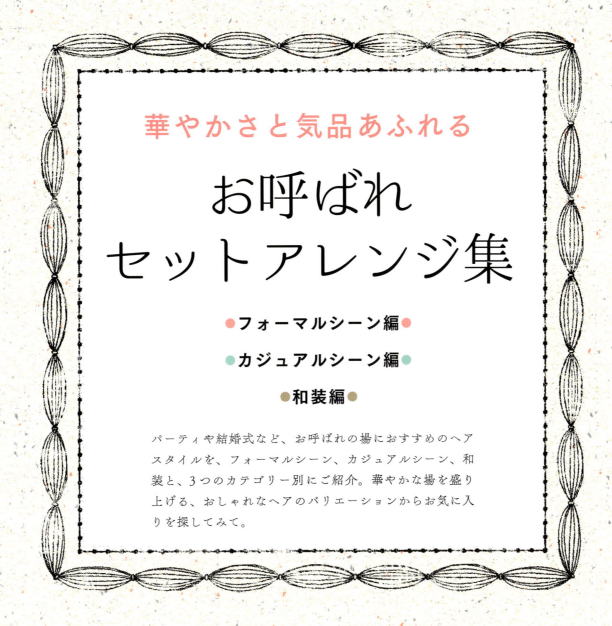

上品な編み込みアップで
きちんと、可愛らしく

FORMAL SCENE 02

華やかなカールで彩るフォーマルアップ

ゆるやかな毛流れと
毛先の動きでキュートに

FORMAL SCENE 04

エレガントなフォルムに
おくれ毛でアクセントを

トップはふんわり
大人のツイストシニヨン

FORMAL SCENE 06

耳もとで揺れるカールと
編み込みで華やかに

FORMAL SCENE 07

気品があってフェミニン
高め位置のツイストアップ

FORMAL SCENE 08

知的なシンプルアップは
抜け感が決め手

FORMAL SCENE 09

夜会風のフォルムに
ゆるい毛流れで
やわらかさを

FORMAL SCENE 10

美人度がアップする
上品サイド寄せヘア

誰からも好かれる
低め位置のサイドアップ

FORMAL SCENE 12

細かいカールと斜めバングで
ちょっとクールなスパイスを

前からのぞくシニヨンと
やわらかな毛流れで魅せる

華やかに動くカールで
バックスタイルにも彩りを

定番編み込みスタイルは
ルーズなニュアンスがカギ

フェミニンなハーフアップは
ざっくり編み込みで甘めに

CASUAL SCENE 05

ねじってつくるシニヨンで
バックスタイルに華を添えて

トップのふんわり感と
おくれ毛の残し方がおしゃれ

三つ編みとツイストをMIX
ワンランク上のデザインに

CASUAL SCENE 08

編み込みハーフアップは
内巻きの毛先でエレガントに

CASUAL SCENE 09

フィッシュボーン編みに
ラフなニュアンスを添えて

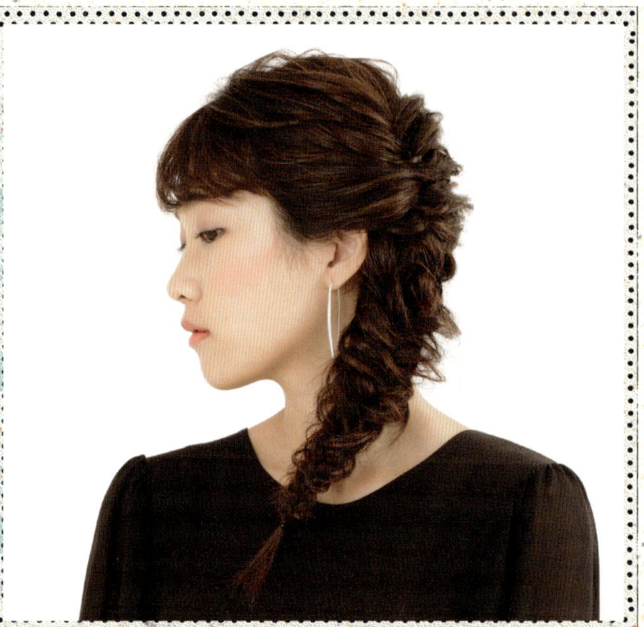

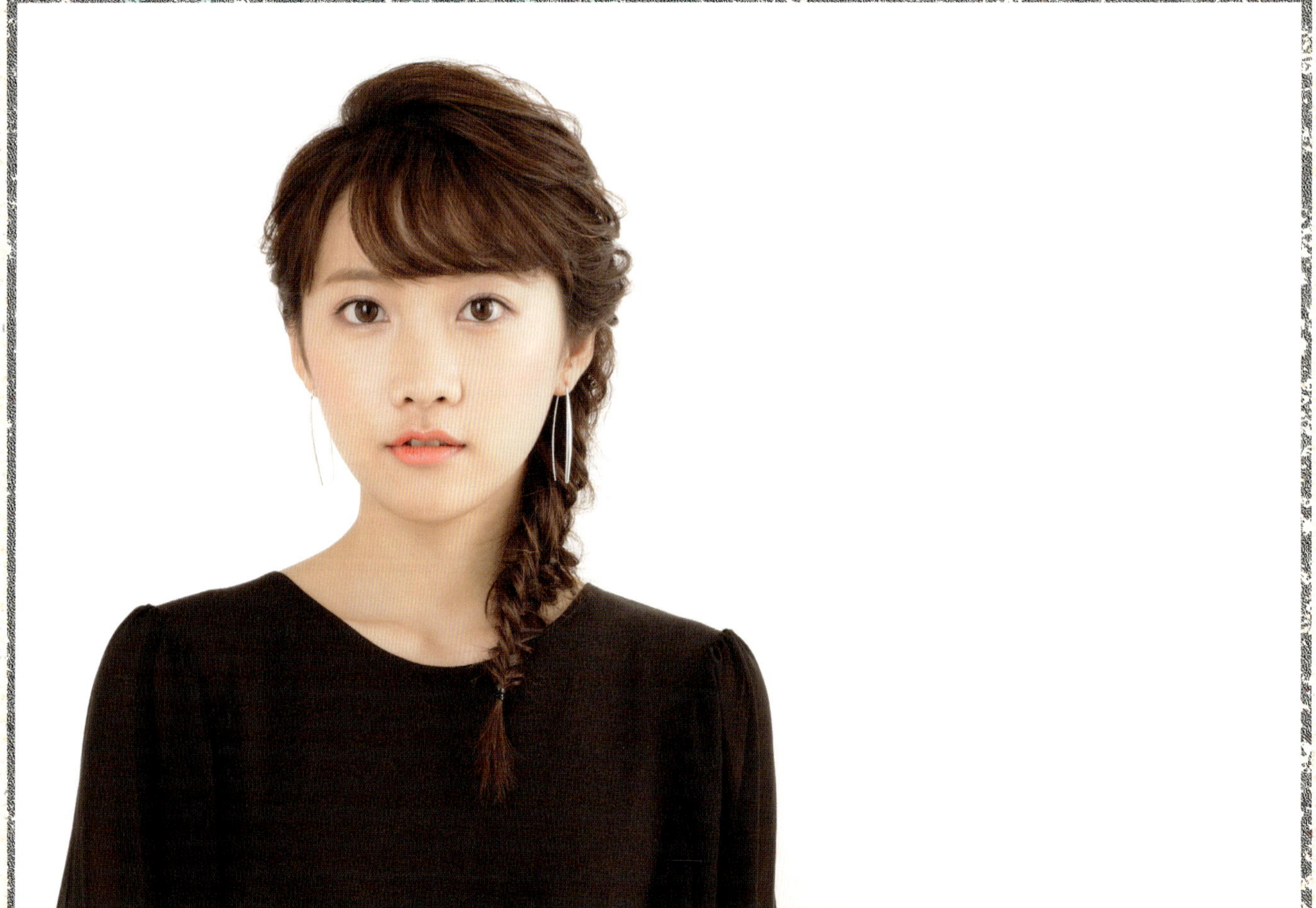

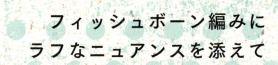

CASUAL SCENE 10

三つ編みとツイストのコラボ
ふんわりトップで可憐に

和装におすすめの
上品な編み込みシニヨン

着付／中島信子、髪飾り／和風館 ICHI（京都丸紅）

ほどよく散らしたカールでフレッシュな和装スタイルに

着付／中島信子、
髪飾り／和風館 ICHI（京都丸紅）

KIMONO SCENE 03

鉄板の夜会風アップは美しい毛流れで魅せる

着付／中島信子、髪飾り／和風館 ICHI（京都丸紅）

大人のロールアップは ウエイト低めで重厚感を

着付／中島信子

KIMONO SCENE 05

カラフルな着物には細かいカールでアクティブに

着付／中島信子、髪飾り／和風館 ICHI（京都丸紅）

DAILY + α

いつものヘアをランクUP！

お出かけ セットアレンジ集

デートや食事会、オフォイスシーンなど、より日常に近いシチュエーションにふさわしいヘアスタイルをお届けします。少しのイメチェンで可愛く変身できる、簡単セットアレンジに挑戦してみませんか？

いつものヘアをランクUP！

お出かけセットアレンジ集

DAILY + α

STYLE 01

女の子の気分をアゲる
キュートなゆる編み込み

DAILY + α

STYLE 02

知的なねじりシニヨンで
オフィス美人に

DAILY ＋ α
STYLE 03

清楚なシニヨンスタイルは
フロントの編み込みがカギ

DAILY + α
STYLE 04

シンプルなひとつ結びに
抜け感をプラス

DAILY + α
STYLE 05

毛束をゆるく引き出して
こなれた雰囲気に

DAILY + α

STYLE 06

上品なねじりハーフアップは
オフィスで好印象間違いなし

DAILY ＋α
STYLE 07

大人のサイド寄せヘアには
バックの編み込みで彩りを

DAILY + α

STYLE 08

洗練ポイントはルーズな質感
華やかなツイスト編み込み

DAILY + α

STYLE 09

ねじって留めるだけ
簡単おしゃれなまとめ髪

Set arrange for short

短い髪のセットアレンジ

ショートヘアやボブスタイルなどの短い髪も、セットアレンジの魔法で素敵にドレスアップ。夜会風の本格アップや、短い毛先を生かしたカールアップなど、短い髪でもここまでできるのです！

Set arrange for short

短い髪のセットアレンジ

Before

えりあしスッキリ
短い髪が夜会風アップに

Short 01

Short 02

ふんわりトップで
王道のパーティスタイル

Before

Before

Short 03

逆毛&小分けツイストで短い髪もきちんとアップに

Short 04

カールの動きがポイントの
サイド寄せアップ

Before

Before

Short 05

短い毛先を動きに生かした ソフトリーゼント風アップ

Short 06

ゆるやかな毛流れの
エレガントなまとめ髪

Before

Before

Short 07

カチューシャ風ヘアで
さりげなくドレスアップ

Short 08

毛先のハネ感が決め手の
スタイリッシュなデザイン

Before

Before

Short 09

内巻きカールが上品な編み込みハーフアップ

Short 10

顔まわりの編み込みと
ふんわりトップで魅せる

Before

Before

Short 11

キュートな編み込みヘアに
おくれ毛で抜け感をプラス

Short 12

ゆるふわツイストアップで
おしゃれにイメチェン

Before

セットアレンジヘアを華やかに彩る

髪飾りカタログ

アクセサリーのようにバリエーションを楽しみたい髪飾り。
パールやジュエリー風など、特別なシーンにぴったりのアイテムを集めました。

Barrette
バレッタ

簡単に留められるバレッタは、セルフアレンジに最適。
大きなものはバックのアンダーに、小ぶりなものはサイドにあしらうとバランス良くおさまります。
ハーフアップにもオススメです。

motif

jewelry

metallic

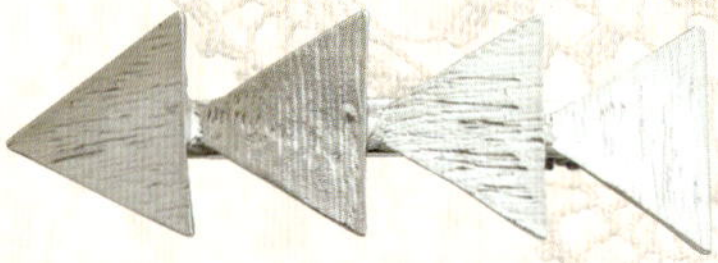

Pearl

Pin Style
ピン

ピンスタイルの髪飾りにはクリップタイプとヘアピンタイプがあるので使いやすいものを選びましょう。小さめのものを2、3個重ねづけしても楽しめます。

motif

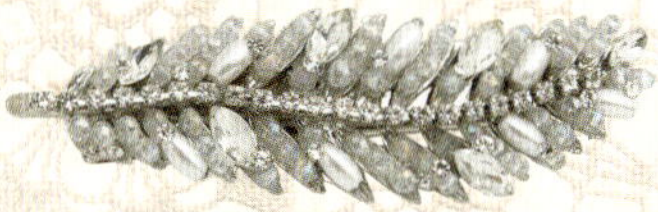

jewelry

corsage

Pearl

Comb
コーム

コームタイプはまとめ髪と相性抜群。夜会風のアップやシニヨンスタイルに添えて。和服にも◎。

マルチアングルで見る

セットアレンジヘアカタログ

スタイルブック掲載の全48スタイルを、前後左右のマルチアングルで一覧化。気になるスタイルのバックショットやサイドアングルなどをチェックしてみましょう。

01

02

03

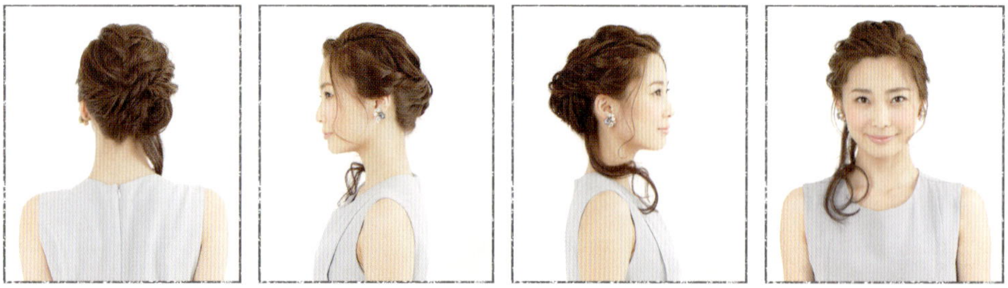

04

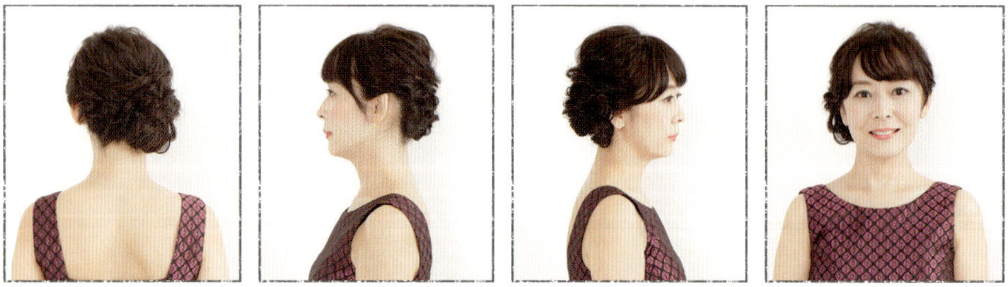

05

06

07

08

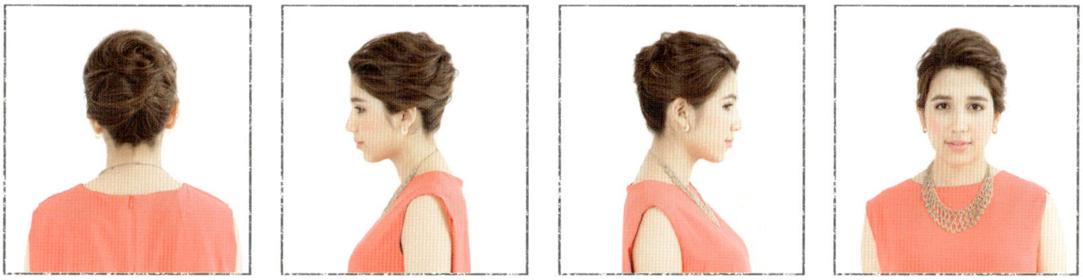

09

10

11

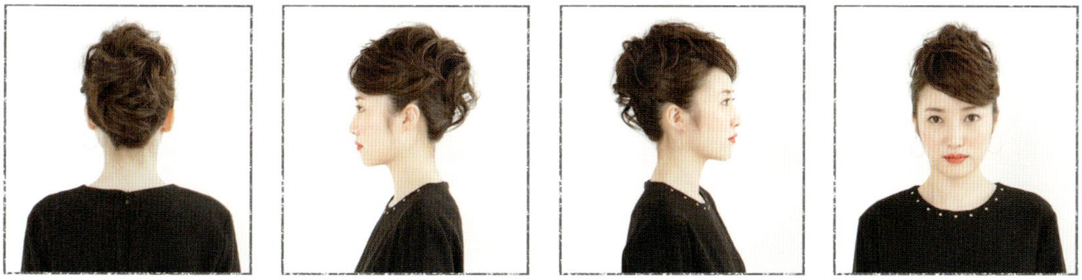

12

13

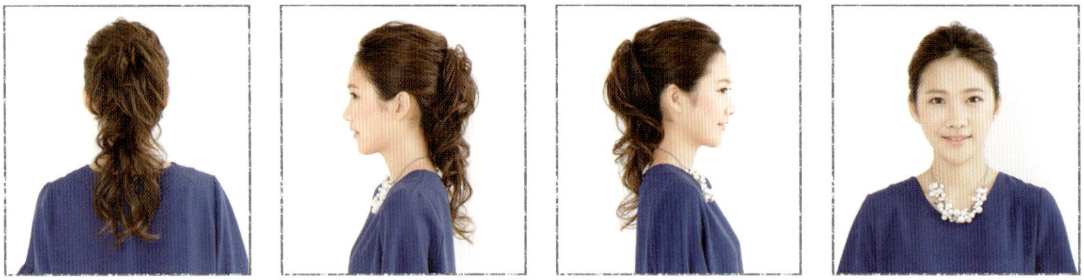

14

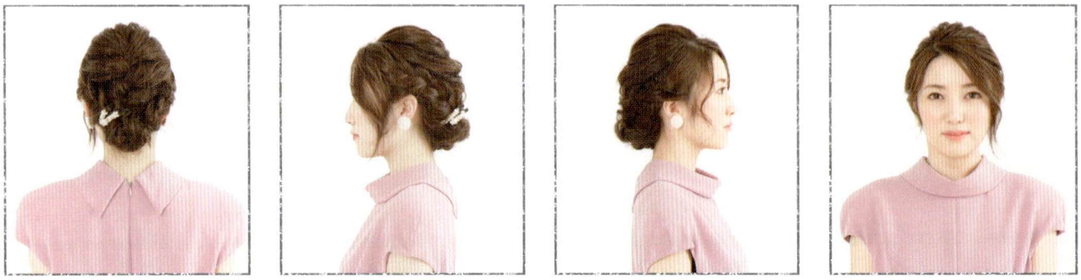

15

16

17

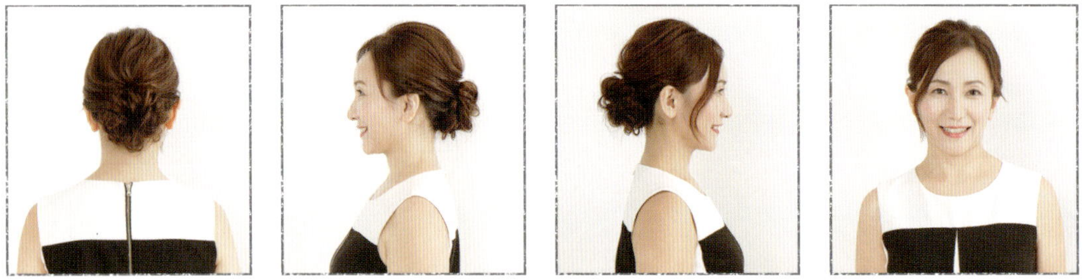

18

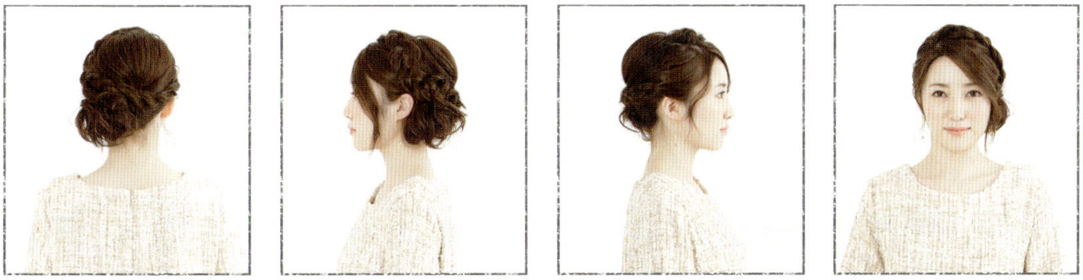

19

20

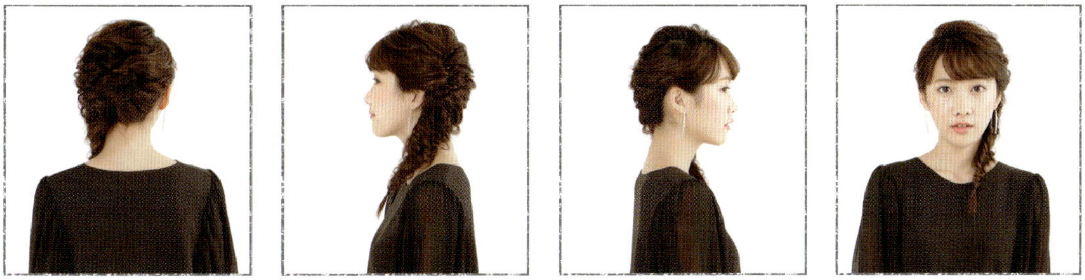

21

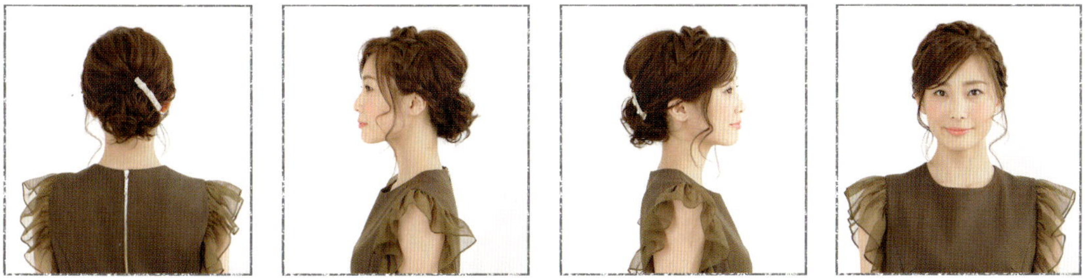

22

23

24

25

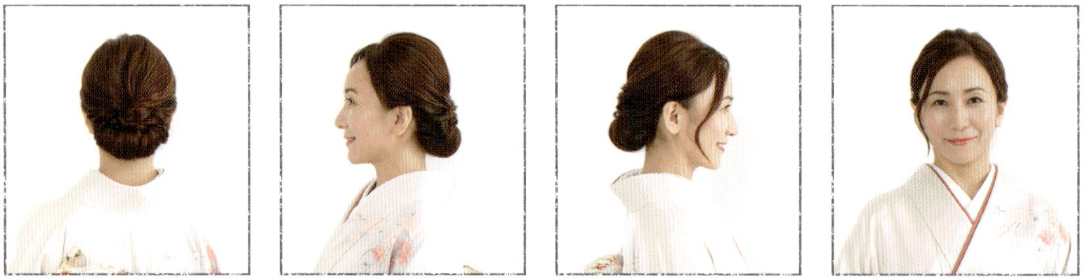

26

27

28

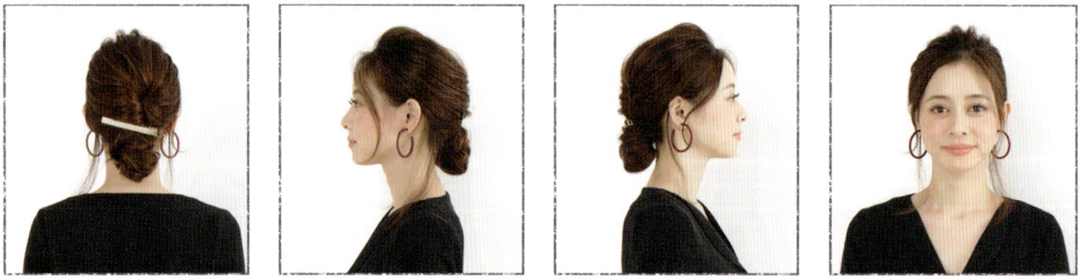

29

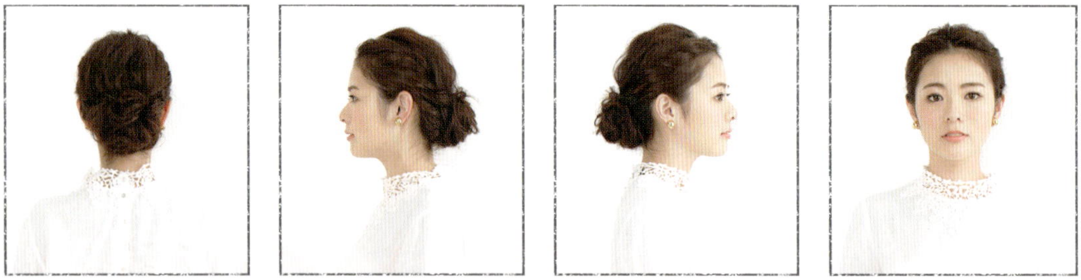

30

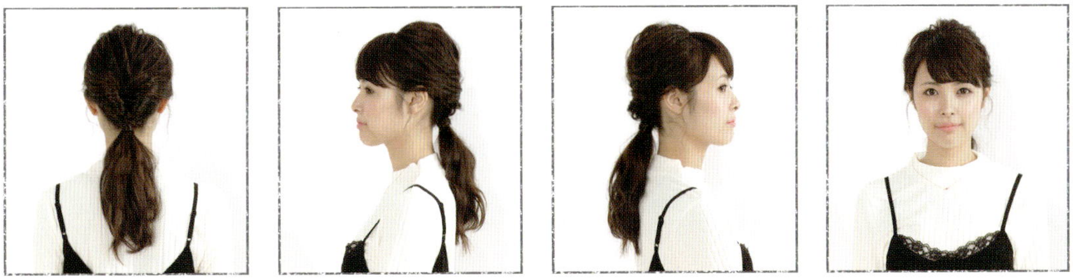

31

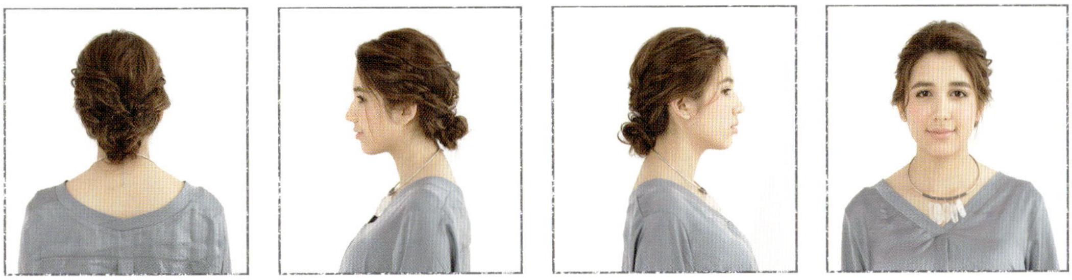

32

33

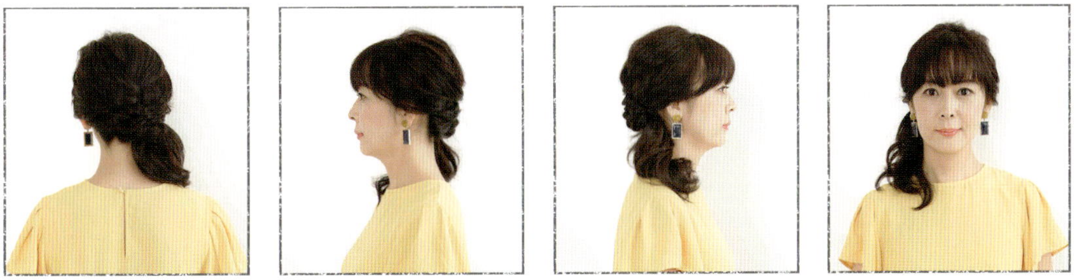

34

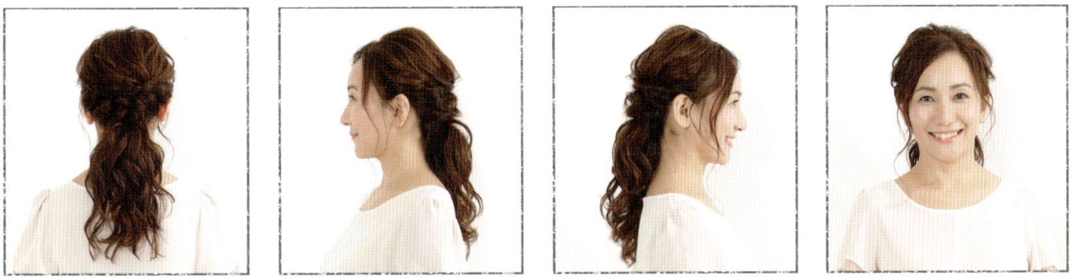

35

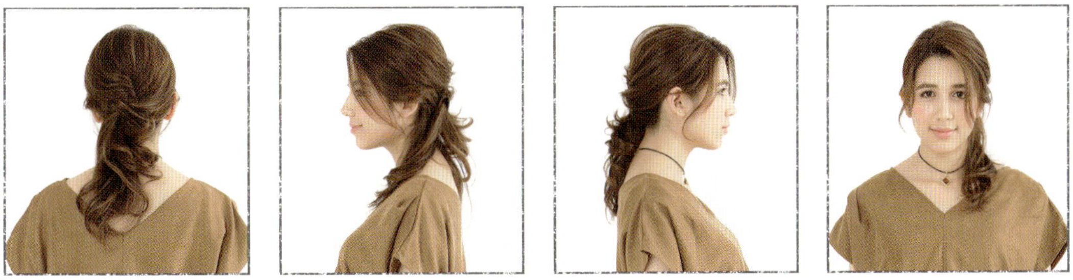

36

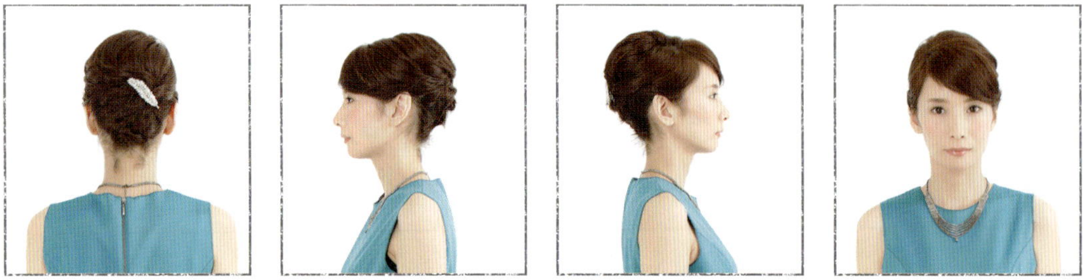

37

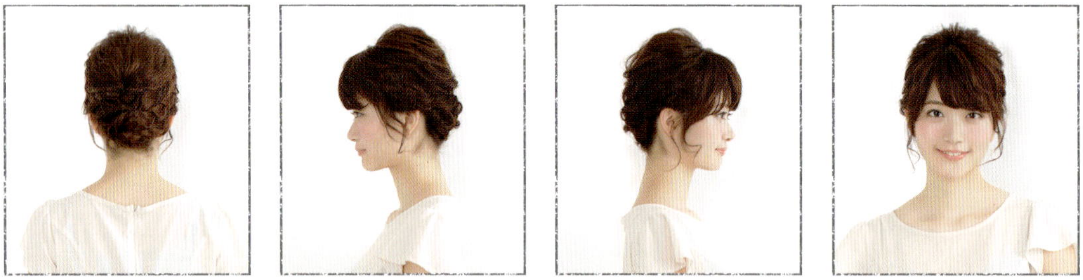

38

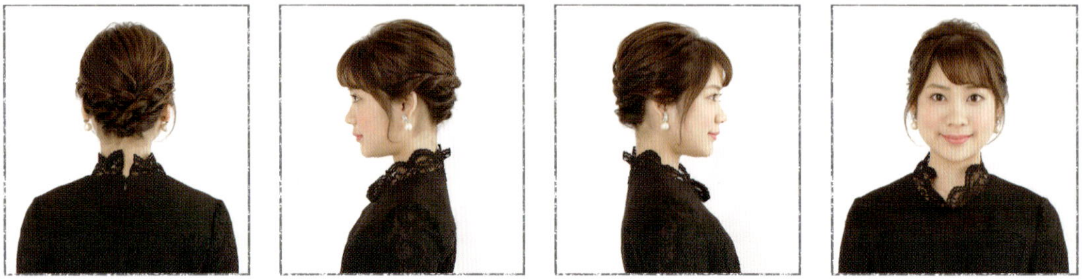

39

40

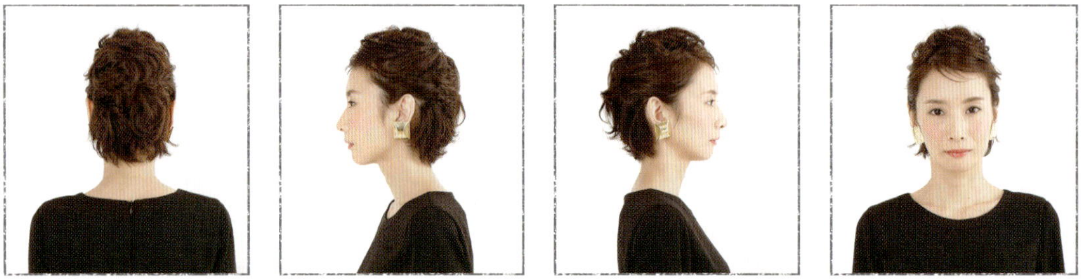

41

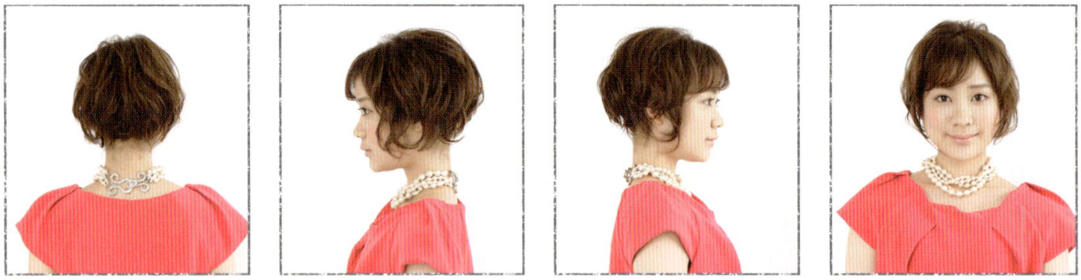

42

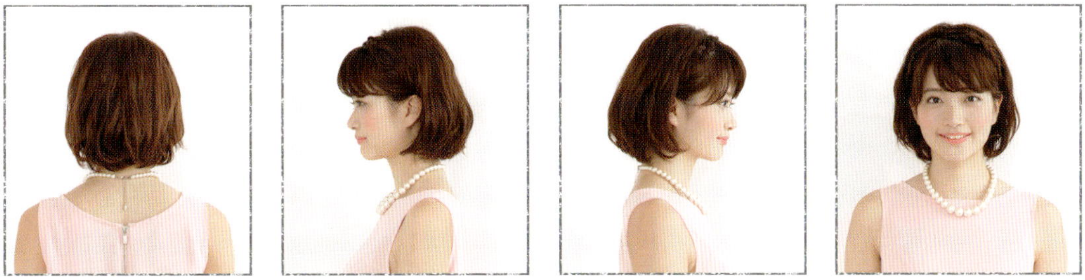

43

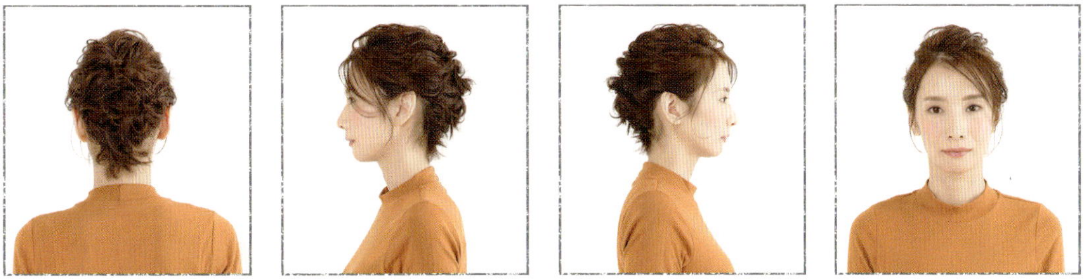

44

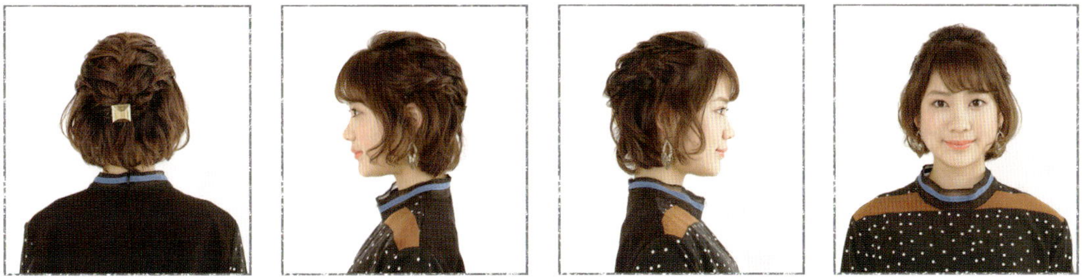

45

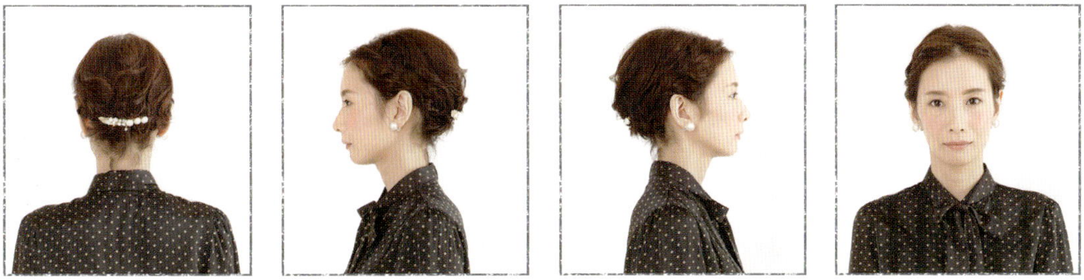

46

47

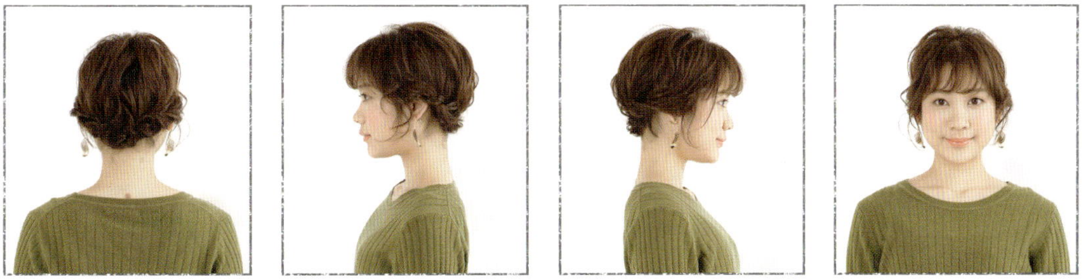

48

監修者紹介

アトリエはるか

全国に約60店舗展開しているヘアセット&メイクアップの専門店。
イベントの前にサッと立ち寄り、短時間で変身できる手軽さが人気で、
多くの女性ファンを獲得している。

SPECIAL THANKS

和風館 ICHI／京都丸紅

東京都渋谷区神宮前6-23-6 浅井ビル1・2F

TEL.03-3409-8001

http://www.wafukan-ichi.jp

9分で！　くずれない！　セットアレンジ
スタイルブック

2017年1月25日 初版発行
2017年5月25日 第2刷発行

定価：本体3,200円+税（レシピブックとの2冊セット）

監修：アトリエはるか
発行人：寺口昇孝
発行所：株式会社女性モード社
本社／〒161-0033　東京都新宿区下落合3-15-27
TEL.03-3953-0111　FAX. 03-3953-0118
大阪支社／〒541-0043　大阪府大阪市中央区高麗橋1-5-14-603
TEL.06-6222-5129　FAX. 06-6222-5357
http://www.j-mode.co.jp

ブックデザイン&イラスト：石山沙蘭
印刷・製本：三共グラフィック株式会社

Published by JOSEI MODE SHA CO.,LTD.
Printed in Japan